詩學院 I

再鴻門

陳大為 著

文史哲出版社印行

國家圖書館出版品預行編目資料

再鴻門／陳大爲著. --初版. --臺北市
：文史哲，1997〔民86〕
面；　公分. --（詩學院；I）
ISBN 957-549-053-3（平裝）

851.486　　　　8600784

詩學院 I

再鴻門
作者：陳大為
出版者：文史哲出版社
登記證字號：行政院新聞局局版臺業字第五三三七號
發行人：彭正雄
發行所：文史哲出版社
台北市羅斯福路一段七十二巷四號
郵撥〇五一二八八一二彭正雄帳戶
電話：三五一一〇二八
印刷者：晟齊實業有限公司
實價新台幣二二〇元
中華民國八十六年一月初版
中華民國八十七年一月再版

ISBN 957-549-053-3

序

擅長敍事策略的詩人

——論陳大為的詩集《治洪前書》和《再鴻門》

＊陳慧樺

陳大爲是六字輩中極爲特出的一位詩人，他抒／書寫、改寫、重構歷史，歷史不管離得多麼久遠，在他生花妙筆一揮，它們都變成極有生命力的篇章；他不僅長篇敘事詩寫得生動，連短篇抒情寫景詩也寫得極爲敘事，讀者可能萬萬想不到，這位敘事高手是在大學二年級時才開始寫詩的！這幾年來，陳大爲的詩屢屢獲獎，並不時出現在港、台、星、馬，甚至中國大陸的詩刊雜誌上。一九九四年，他獲得台灣國家文藝基金會的獎助出版了處女作《治洪前書》，今年再獲台灣文化建設委員會獎助出版其第二本詩集《再鴻門》。這兩本集子的書名已告訴我們，他對歷史與情節似乎有一份特別的嗜好。任何讀者只要拜讀過他的一兩首詩作，就會感覺到詩人的創作方針一直是「以古喻今」，可其手法跟一般詩人並不一樣；他常常能入乎其內並出乎其外，經過一番重組與解構過程，結果他寫出的詩當然已對歷史做了改寫以及再詮釋。

記得四年多以前，我在給《幼獅文藝》的《文壇新秀》專欄評介台灣的年輕作家時，陳大爲曾寄給我一篇有關項羽和劉邦逐鹿中原的現代詩，我當時曾研讀再三，後來還是退還給他。這首詩我當時無從評騭的關鍵是：作者野心太大，詩中的聲音大約有三四個，相互抵觸，也就是他還找不到一個統馭的敘事觀點／聲音來把它們系聯起來。數年之後我們發現，這幾年來陳大爲不僅在新、馬、台灣連連獲得詩歌、散文競賽的大獎，同時也獲得中國大陸新世紀杯全國詩歌大獎賽和南潯杯全國散文大獎賽等大獎，但是最重要的應是他的兩本詩集都獲得文藝基金會的獎助出版，這可是相當大的一個榮耀。陳大爲並未由於我退還他的歷史詩而改弦易轍；相反地，他再接再勵，不斷嘗試改進，終至嶄露頭角，成爲後新生代中非常耀耀閃爍的一顆星星。而且我發覺，他把當年有關楚霸王的素材改寫成了〈風雲〉（收錄在《治洪前書》，頁二〇—三〇）和〈再鴻門〉（收錄在《再鴻門》，頁三二—三六）；換言之，他的喻依（vehicle）終於找到了恰當的喻旨

（tenor）。

陳大爲根本沒有寫過三五行到整十行以內所謂的小詩，其著力點大都擺在雜糅抒情與敘事於一體的文類上，中型詩篇與長詩兼具，這應是其註冊商標。爲了獲得較具體／象的佐證，我們還是先引〈風雲〉第一段如下：

為了尋找雷生長的原鄉
我翻越一行行夜讀的線裝
火追蹤著汗　光在雕塑
栩栩秦俑的戰甲
神經往史公的情感伸探
我全力引發一次
虛構的逼真墨融
文字融成雷葬身的現場……　（頁二〇，一—八行）

這一節具體描述了陳大爲讀史，並重新融鑄歷史的精采過程，生動而深入，氣象恢宏，故他常能讀出前所未有的意義來；把讀歷史比喻爲發動一次大戰役，步步進逼，終於把這個宏大雷厲的能源／靈感溶解掉，這種比喻、隱喻不能不說慘烈。我由陳讀史看出其創作過程及雄心，主要係為弘揚其用心，亦在讀出其詩篇的特色：氣象恢宏，這首〈風雲〉固然是這樣，其他「以古喻今」的長詩大都包蘊此一特色。就這首〈風雲〉而言，「我」慢慢切入到做為「你」的項羽的心境動作裡，從第二段第一節的夜色西斜，「我化作那滔滔江水逼近／你塔一樣的持劍倒影」（頁二〇，一一—一二行）起，至楚霸王大喊一聲「我不想渡江！」（頁二一，第二〇行），一直到：

你悲壯〔的〕影像呈半透明
內臟喊著疲倦的暗語
歷史的脈搏頓挫得很厲害
你是我體內的巨鯨再翻騰
風雲在此倒帶：（頁二一，二三—二七行）

我們看到詩人與歷史素材的融契，有實有虛，有投入也有清醒的拉開，把兩軍對決的風湧雲動、鴻門宴上的較勁以及霸王內心的掙扎都呈現出來。當然，楚漢風雲早已落幕兩千多年，而項羽的「曠厚心房」一直令後人慨嘆不已，在讀陳大為這篇歷史重構中，他的意圖——「我自荐為霸王劍」（頁三〇，第一四九行），以及閱讀動作的過程才是值得我們重視的；楚霸王的氣慨可為其創作的隱喻，而其粗獷亦得為吾人創作過程的殷鑒；另一方面，包括戲劇獨白在內的各種敘事詩體，其多聲多語並不足以構成一種弊病，關鍵在於要有一個統馭的觀點。當然，我們也意識到，台灣新生代詩人中像林則良者，在詩中隨意轉變人稱格，「你」、「我」、「他」甚至「一個陌生人」都可以用來指稱一個人，這當然是後現代主義所呈現的一種精神分裂症的折射。我總覺得，在敘事見長的詩篇中，詳細交代人稱的轉移仍應是一種美德。

除了〈風雲〉之外，《治洪前書》中的〈治洪前書〉和〈髑髏物語〉俱都寫得不錯，不過坦白說，在陳的第一本詩集裡，他雖頻頻出擊，希望突破創作的一些窠臼，可是在意象、意境的營構上常常不夠鮮明，文字所達致的順暢感亦常顯得不足。近日陳大為曾提醒我再仔細看他第二本詩集中的篇什，或是處女詩集中再經梳理過的文本；這顯然表示他已注意到創作階段性的局限和困阨。還是先說〈治洪前書〉這首書名詩吧。陳大為似乎對歷史的偏執——惟有成者為英雄——感到不滿，他在本詩第三節借助魚的口吻抗議：

……歷史的芒鞋，專心踏著——唯禹

> 獨尊的跫音；或者基石本身，就該
> 湮埋，彷彿不曾紮實過任何工程？　（頁四三，一八—二〇行）

這三行已非我一再強調的敘事，而是對歷史的抗議；他的意圖很明顯是要做翻案文章，爲鯀在治洪工程上所奠下的基礎說公道話，這一點他在第五節表明得更清楚：他要「逼近神話未經修飾，多苔的內殼，看鯀那鏢槍樣的眼神如何串連眾水族的歧見，悲痛著每一具沉溺！」（頁四四，二九—三一行），然後逼使「未知的相繼出土，歷史將痊癒多疤的面龐。」（頁四四，三一—三二行）。〈髑髏物語〉寫的是另一種歷史——個人的夢幻史，這個在雨中邂逅髑髏的敘事者可以是詩人的替身，也可能是莊周。詩中的意旨是，人在夢幻中、在死亡的枕鋪上可獲致「無與倫比的自由快活」（第一三、四〇、四七、八〇、八四和八六行）。爲了呈現、彰顯這種溫適、虛幻的境界，詩人特別在第五段把生命窘促、尬尷、桎梏的境況拓出，叫人深切了解到生存「盡是自虐的鐐鍊」（頁一六，第六二行）。

陳大爲不僅在讀線裝書時拆解重構歷史事件和情節，亦能在深入體會後利用歷史事件來隱喻、抨擊當今社會現象，《匕首系列》（《治洪前書》）裡的〈封禪〉明顯是在抨擊華人社會求神問卜求字籤的現象，而第三首〈西來〉則非議中國人迷信西方（歐陸及天竺）的一切硬軟體學問（包括禮佛、抽鴉片、崇尚現當代的文評術語等），第六首〈壯士〉所訴說的是「毛匪與蔣公重逢於眷村村口」（頁九一，第二一行）的悲情。在我詳細對比了陳大爲的第一本和第二本集子之後，我發覺重構及重新詮釋歷史似乎是其所長，這跟他較擅長於敘事書寫應有關聯。在此觀照底下，我發覺竟連輯入《再鴻門》卷二中那些寫鄉土現實的篇章，如〈油燈不暗〉、〈茶室很近〉和〈童年村口〉等等俱都包蘊著小小的歷史情節與情懷。換言之，陳大爲似乎天生就是屬於愛說故事型的人。然而，我們也得在此指出，詩歌文本畢竟不能純爲敘事（長篇敘事詩或史詩等當爲例外，在此不贅），中短篇尤得注意到意象的捕捉、意境的經營，在這時候，節奏的明快紓緩、意象群的鮮明或晦澀，在在都會影響到整體效果的獲致。

在第二本詩集《再鴻門》卷一中，最傑出的幾首長詩應是〈甲必丹〉、〈茶樓〉、〈會館〉、〈海圖〉和〈再鴻門〉。先說〈再鴻門〉這首書名詩，詩名中點出的「再」已清楚突顯了詩人「再」詮釋、「再」閱讀鴻門宴這齣歷史劇的位置。詩人把詩分爲三段，第一段寫「在鴻門」時，即經由閱讀「你不自覺走進司馬遷的設定」（指「大敘述」以及「立場」）（頁三三，第八行），第二段寫「再鴻門」，亦即寫司馬遷的虛構與詮釋——「歷史也是一則手寫的故事、／一串舊文字，任我詮釋任我組織」（頁三四，第二七—二八行），第三段寫「不再鴻門」，亦即詩人「從兩翼顛覆內外夾攻」（頁三六，第四一行）❶。我這種分析意在暴露詩人所採取的一些後結構、後設式的書寫策略；他不僅把吾人閱讀及史遷虛構再現鴻門宴的過程暴露出來，也同時寫出了他顛覆典範文本的意圖來，這可看作是後現代創作的一次精采演義。

跟〈再鴻門〉一樣，〈甲必丹〉亦以後設思維的模式來書寫甲必丹葉亞來的歷史與傳奇，兩者雜糅在一起，叫人讀起來似幻似眞，詩人企圖顛覆歷史的意圖亦昭然若揭。這首詩的創作策略跟〈再鴻門〉有類似之處，即先從詩人的閱讀經驗（這次加上夢幻）而走進歷史主的世界中，然後是第二和第三段中歷史與傳奇的雜糅，詩人用了整十個禽獸的意象，並且提到葉亞來「把娼樓煙館端上圓桌」（頁一一，第二五行），顯然是要袪除歷史主神話外衣的做法。最後兩段提到歷史「課本把所有的建設都算進來」（頁一二，第三三行），這未免神乎其神；事實上，掩藏在刪節號後頭「當年他輸光盤纏的狠狽嘴臉」（頁一三，第四三行），以及他玩弄政治魔法致富的種種劣跡（這些傳奇部分），這些歷史常都略去不提。我們覺得，在這首以歷史主名篇的詩中，作者不僅要澄清環繞著葉亞來周邊神祕的氛圍，還其作爲「人」的面貌，而且似乎在揭示一個作爲英國統治工具的被殖民者如何狐假虎威，「以凶狠的鐵腕蹂躪自己的同胞；長袖善舞，周旋於殖民主的身邊，又是一幅陰柔馴服的模樣，這些人無疑的正是鑄造帝國霸業美夢的共犯」（陳長房，頁一三二）。

〈茶樓〉對歷史素材的處理跟〈甲必丹〉亦有相似之處：〈甲必丹〉企圖再現十九世紀下半葉大英帝國殖民馬來半島的情境，而〈茶樓〉企圖再現的是殖民地境內華人的生活面貌——以舊街場的一棟茶樓爲其縮影。如果說〈甲必丹〉爲十九世紀末的一個大敘述，那麼〈茶樓〉則是這個大敘述中的某個橫切面，這個橫切面雖然不一定有大敘述那種史詩的龐沛，可卻更能折射出南洋低下階層的實際情境。茶樓是許多市鎮必有的一景，在這裡匯集了各個階層的人物和方音，陳大爲就是在這樣的考慮下以歷史變化爲經線，並以華人在茶樓裡的活動爲緯線，交織烘托出歷史的眞實與虛構來。〈茶樓〉第一段「鐵觀音」速寫昏睡中的南洋，你看到茶樓門樑上掛的巨大匾額，茶樓「裡頭是一壺鐵觀音的紫砂城池」（頁一四，第一二行），綁著辮子的殖民地人民圍著剛出爐的《叻報》，一邊閱讀宣統皇帝窩囊的詔書，一邊抱頭大哭。第二段「舊粵曲」見證的歷史變遷更快，從一九五七年馬來亞聯邦獨立到一九八八年的可樂、肯德基與麥當勞瓜分了青少年的食慾，另一種殖民似乎隱隱然在成形中。這時候，「沒有誰再關心粵曲，只知道十大歌星／只呼吸經歐美殖民的空氣」（頁一七，第三九—四〇行）。最後一段「樓消瘦」寫到了一九九六年的某個陰天：

茶樓消瘦，十足一座草蝕的龍墳
白蟻餓餓地行軍，飛蠅低空盤踞　（頁一八，第四四—四五行）
…………
百年的野史沼澤在巷裡兀自冷清
茶樓說她在下一行打烊　（頁一九，第五五—五六行）

這首詩敘述歷史的快速挺進叫人怵目驚心，為了爭腴敘述體，作者還特別祭出他的舅公為茶樓的掌櫃、他表舅撐了幾盞小燈在「權當夕陽」（頁一八，第四二行）；當然，他們也是這棟茶樓的最佳見證者。

同樣地，陳大為在〈會館〉和〈海圖〉這兩首長詩中亦採取歷史的敘事策略，前者書寫大馬某一個廣西會館的興衰史，見證者包括了曾祖父、父親和我，後者刻劃一幅討海者的生活之歌，詩中「我」的畫幅常跟敘事者「你」的敘舊起扞格，顯現藝術的想像與生活的波浪往往無法完完全全契合。前者在敘事中雖然不乏勾劃一兩筆積極的前景（如「整棟新蓋的廣西」（頁二三，第三六行）），可是最後提到「南洋已淪爲兩個十五級仿宋鉛字／會館瘦成三行蟹行的馬來文地址……」（頁二六，第七四－七五行），讀後仍令人深感歷史的滄茫。比較而言，後者描畫的似乎積極多了，最後一行尤其是積極的佐證：「我會把你深深地畫入海圖左下方」（頁六一，第一〇四行）。

總之，陳大爲像台灣其他一些新生代一樣，不願亦步亦趨前賢的創作窠臼，企圖有所作爲有所突破；我在最近完成的一篇論文中提到，這批包括陳大爲、林則良和林群盛在內的，整十位三十歲以內的詩人，他們的詩展現了兩個特色：小詩化和長篇敘事化。假使在八十年代中期後現代主義登臨台灣現代詩壇之後，台灣現代詩壇還有甚麼跟前面幾個年代有所不同的話，那就是這兩種特色了（後結構思維亦應是一特色，暫時不贅）。我在那篇文章中亦給長篇敘事詩的突現文壇做了某種推測❷。陳大爲中長篇詩章所展現的敘事傾向以及對歷史的嗜好已成爲他的招牌了，這當然是一條值得一輩子以赴的大道，但我也企盼他同時多樣化題材、視野與思維，以期開拓更大的疆域。

（一九九七、一一、二〇．師大）

【附註】：

❶吳潛誠認為〈再鴻門〉同時指涉（一）發生「在」鴻門的事件（真實），（二）史遷「再」現鴻門宴（虛構），（三）作者當今不「再」複述典範化的鴻門宴敍述（顛覆），這個說法很有見地，見《再鴻門》，頁一二九。

❷參見拙作〈跨世紀的星群——新生代詩人論〉，頁六二—七七。

【引文書／篇目】：

吳潛誠．〈進行顛覆，寫下異議——〈再鴻門〉評審意見〉，收入《再鴻門》，頁一二九—一三〇。

陳大為．《治洪前書》，台北：詩之華，一九九四。

陳大為．《再鴻門》，台北：文史哲，一九九七。

陳長房．〈歷史刀章削出的英雄？——〈甲必丹〉評審意見〉，收入《再鴻門》，頁一三一—一三三。

陳鵬翔．〈跨世紀的星群——新生代詩人論〉《國文天地》一四一期（一九九七），頁六二—七七。

13首組詩 P
&13首短詩的位置

目錄

卷二：綠色的怪聲音

附錄一：評審意見

附錄二：代跋與年表

卷一 在烈酒的時辰

來，坐下來，翻開你期待的精裝

展讀這件古老的大事，在烈酒的時辰

甲必丹

1：夜讀頭暈的南洋

是狐狸，預測的考題在腦袋亂竄
我在案前啃食一冊頭暈的南洋
史跡盛接了冷汗，滋長成山豬橫行的雨林
睡意提著眼睛往課本的札記走去
越近越香甜，額頭最後叩上一張黑白照片；

我驚醒在次日的考場，考卷亮出獠牙
選擇題是迷彩的捕獸器，可靠的只有申論題

不難，論的是我昨晚叩頭的甲必丹
整個馬來亞為之傾斜三度的華人英官。

2：剛上任的葉亞來

這一題，必須從一八六八年寫起
吉隆坡還是粗暴的泥濘、狂野的馬
將英國的官勳扣上仿清的朝服，葉亞來
穩穩邁開官步，像一頭猛虎巡弋牠統治的山林，
用粵語，土紳牙牙拚出 Captain 的中譯
副官向他展示一幅千風百火的水墨：
會館是七頭巨象環伺於留白背面
潑墨之中有九群隱身的黑幫土狼

朝珠暗暗盤算，錫米產生模糊的預感
他會是吉隆坡久等的麒麟，還是久違的鱷魚？

3：長袖與鐵腕

殖民政府沒有提供足夠的鷹犬
他不得不蓄養黑道的龍蛇，長袖一遮
鐵打的手腕有了一種凶狠的陰柔
足以鑄造龐然的夢，鑄造像上海的城邦，

狠狠的，他扣緊象與土狼火併的脈門
把娼樓煙館端上圓桌，用嚴厲的慢火煮爛
每對聽話的暴牙一碗。穩定了圓桌
泥濘才有承受機械與磚瓦的堅硬

像拉麵，小巷與大街越拉越長
吉隆坡成了眾生喧嘩的金碗。

4：歷史自有刀章

沒有人在意那些內戰的刀疤
死亡遺下美好的風水，錫苗印證了龍穴的方位
吉隆坡穿上縷金的黃馬褂，他也一樣
課本把所有的建設都算進來，連同晚霞和晨曦
連同路過的契機、投宿的思想
並漂白他黑回來的土地、鋪子和礦湖
一如沙漠對仙人掌的渴望，對英雄
歷史自有一套刀章，刨出大家叫好的甲必丹；

不知一八幾幾年，他拍下那張得意的照片
讓後人仰止，考生叩出永恆的印象。

5：傳奇的刪節號

傳奇的死角蹲著口吃的刪節號
在口吃他成爲首富的魔法
還有喋喋不休的橡皮擦，向我透露
當年他輸光盤纏的狼狽嘴臉
但我豈敢寫下這些？
反正他有太多壯舉供我作答，足足寫滿三張。

九六．〇七

茶樓

1：鐵觀音

你必須選個群雷舞爪的陰天
讓想像層層滲透歷史的中山裝
逛逛這條英殖民地舊街場
進一步假設：風是一九○九的色澤
南洋昏睡，還夢見自己是唐山
累了，你就往街尾的茶樓擱下思絮
蜷曲的疲倦會像茶葉舒展——

「是誰，寫下這個大刀闊斧的匾額？」
你一定會問，問到脖子痠疼
門神威武彷彿兩廣提督
丈寬的門檻學長城在階前一橫
裡頭是一壺鐵觀音的紫砂城池；

壺肚再大，仍被高談的辮子坐滿
剛出爐的叻報顫動像脫落的龍鱗
你可以讀出潛龍血血的傷口
鉛字很忙，急著結痂被閹割的神州
宣統窩囊的詔書在頭版大哭。哭也沒用！

七種方言泡進一壺鐵觀音
她縱觀辮子們似雁翼清脆骨折的愁眉
也只能用回甘的苦澀安慰

包子把粗話囫圇吞下，「算帳！」
臼齒還嚼著：「那個葉赫那拉——」

2：舊粵曲

耐心坐下去，坐到高呼獨立的一九五七
你將看到我舅公掌櫃的風姿
還是疼胃的老點心，還是戀耳的舊粵曲
南洋商報蛇般纏住所有的左腕
目光如舟，在馬六甲海峽悠游
心臟探出根鬚吮吸腳下的厚土，
等粵曲舊透了，風就穿過去
把話題吹離唐山吹向華文學堂

舅公夥同街坊義賣，從月缺到月圓
包子砌出教室，河粉波浪成瓦
讓漢字塗鴉土生的孩子
南洋的腔調蒸熟了層層校舍
你該看看這汗水浩大的灌溉；

耐心坐下去，坐到易開瓶的一九八八
茶冷的速度裡有五百ＣＣ的可樂冒起
肯德基與麥當勞是瓜分食慾的暴龍
沒有誰再關心粵曲，只知道十大歌星
只呼吸經歐美殖民的空氣。

3：樓消瘦

歲月這鬼斧剛劈爛匾額
表舅只昏黃了幾盞小燈，權當夕陽
偏偏你選中九六年的陰天，此刻
茶樓消瘦，十足一座草蝕的龍墳
白蟻餓餓地行軍，飛蠅低空盤踞
穿過一樓感同穿過廢棄的宇宙
又像胃臟殭死仍有太多壯烈的酸痕！

每一步都要溫柔，梯子會痛
茶樓來不及上妝迎你
她輕咳了兩聲，喚醒沙啞的粵曲滿樓
泡壺鐵觀音，把南洋從頭品茗
問起包子堆砌的學校
問起星洲日報近日的頭條……

陳舊的街場往都市邊緣退隱，披上霉黴
百年的野史沼澤在巷裡兀自冷清
茶樓說她在下一行打烊，你想不想
再選個陰天讓群雷舞爪，在心房？

九六．〇五

會館

1：南洋的合院

飲一口大醉的白酒
掏出顆粒很細的記憶
像沙，在指縫間流失的南洋
講一段他忘一段，酒意魯莽
刷刷亂翻一冊晚清的脆弱線裝
紙的裂痕撕開一甲子的過去
曾祖父話說從頭西元一八九七：

大霧吞噬了鴉片的十九世紀
像鯨魚啓航自乾癟的廣西
歷史的廣角鏡跳接到南洋
船隊載著被契約綑綁的「豬仔」
「豬仔」全窩在高壓的殖民船艙
遙想鄭和的風光，記掛老家的米缸
汗衫鼓成頻頻回首的帆
但季風斧斧，從東北劈來
把眺望的虛線統統劈斷！

榴槤的魅力蠟染了黑白的南洋
礦湖把層積的雲紋不斷拓寬
鐵船挖出錫米，挖出家的雛型
膠刀將樹桐割成三十三度的平衡
汗水暗暗構想一座熱帶的唐山

椰影幢幢，反覆搧動心靈的合院
籍貫如磚，築起各自的高牆與磁場
他和他們平靜地坐下
坐成幫派，坐成會館……

曾祖父說到這裡便醺醺睡去
瓶裡殘餘大歷史的純酒精
刺青與刀疤將不肯言傳的軼事
偷偷告訴父親坐著的日記。

2：醒獅的步伐

南獅在父親的童年武武醒來
步子踩著鼓聲裡的奇正八卦

鞭炮揉亮會館炯炯的複眼
會館閣不起那花崗大嘴
銜著魁梧的燒豬在滔滔發言……

如同一張收得很緊很緊的大網
香味籠罩整棟新蓋的廣西
修訂的鄉音問候純正的鄉音
舌頭是暗中熱身的南獅
潛意識裡垂涎了三十三尺
父親把會館幻想成無比宏偉的燒豬
好讓豬皮的香脆在館史上永駐——

麻將則是更醒的醒獅
重砌長城的是萬子與同子
廣西位「南」，黃河居「北」

手裡的十三張，張張思鄉
這是長老們堂皇的說法；

從礦場回家，草草沖涼虎虎吞飯
舅公們搭件汗衫便溜到會館
汗衫沒有掙扎成望鄉的帆
麻將是更動人的桂林
至於爺爺近乎出千的神技
還在族譜裡大大記了一筆！

3：老去的大堂

每張遺照都像極了霍元甲
團團守住他們傳下的大堂

永垂的目光如長矛交錯
我不禁停一下心臟，縮一下膽
那年九歲，我跟父親來領獎；

前年我載父親回來
蛇冷的暗綠迴廊很靜
眞的很靜——
只剩下老廣西的老呼吸
一年頒一次獎，吃幾席大餐
連麻將也萎縮成一盒遇潮的餅
籐椅獨自回想當年的風雲；

會長大伯使勁撐起廣西的大旗
但會館四肢無力骨骼酥軟
越來越多枴杖，越來越多霍元甲

久久被醒獅醒一醒
才醒一醒又睡去……

我把族譜重重閣上
彷彿抉別一群去夏的故蟬
青苔趴在瓦上書寫殘餘的館史
相關的注釋全交給花崗石階
南洋已淪爲兩個十五級仿宋鉛字
會館瘦成三行蟹行的馬來文地址……

九五・一二

達摩

1：少林幻象

我要用十座嵩山向你述說達摩
十座讓獅吼隆隆迴響的嵩山
所有的晚鐘都像大蛇緊緊繞樑
快，騰出你整副聽覺
接收我話語中的金剛力量

扔掉你的少林印象
扔掉你潛意識裡的老方丈

甚麼龍爪手、金剛掌，都扔掉！

正襟危坐，在禪堂中央
我啓動法輪的同時啓動你的想像
彷彿穿山甲，使勁穿透武俠的膠裝
沿著頁碼追憶，用思想的輕功
你將在扉頁追到達摩的背影

他會用單純的坐姿告訴你：
「我剛剛參破了小說的魔障」

2：虛構達摩

我們總是抱著那罈酒釀的哲學

去痴戀古老的塵埃和各種龜裂
更沉迷於湮遠事物的還原；

手段是諸子揑造聖王的手段
禪師們圍坐大唐的道場
創作達摩的五官，描寫如何渡江
只給他一葦驚心的虛線……

虛線引發不可收拾的武俠
乾瘦的原型在小說裡日益高強
像沙洲，在你腦海淤積
像蜃樓，發育成眞實的地理
小說慢慢有了小說的達摩
七十二門絕技把經籍狠狠壓縮。

3：閱讀達摩

你也許在小說裡讀過達摩
除了轉述的武者形像
不聞大乘，非關佛法；

你未曾讀過達摩！

每一枝動武的筆只是它自己
志在你的虹膜書寫易筋經
達摩——就是作者巨大的魔掌
降龍般負責降伏你閱讀的心房；
你永遠讀不到達摩。

4：木魚死去

木魚在武俠的意義中死去
佛走了，貝葉落滿地；

小說把達摩禪讓給電影
從鞋印到袈裟，都很武俠
全力迎合你生根的印象；

鶴拳淋漓展翼，虎爪盡致生風
少林的達摩已不必分析
讓我用十座，或更多的嵩山告訴你：
「達摩本身即是一尊崇高的虛擬」

九五．〇七

再鴻門

1.閱讀：在鴻門

來，坐下來，翻開你期待的精裝
展讀這件古老的大事，在烈酒的時辰
在遺憾叢生的心理位置。

如你所願的：金屬與流體的夜宴
音樂埋伏在戈的側面，像鷹又像犬
偉大事件的構圖不留縫隙
氣氛裡潛泳著多尾緊張的成語

你不自覺走進司馬遷的設定：
成爲范增的心情，替他處心替他積慮；

情節僵硬地發展，英雄想把自己飲乾
你在范增的動作裡動作
形同火車在軌上無謂掙扎
劍舞完，你立刻翻頁並吃掉頁碼！
也來不及暗算或直接狙殺
你的憤恨膨脹，足以獨立成另一章。

來，再讀一遍鴻門這夜宴
坐進張良的角色，操心弱勢主子
會有不同的成語令你冷汗不止。

2．記史：再鴻門

是一頭麒麟，被時間鏤空的歷史
是一頭封鎖在竹簡內部的麒麟
「沉睡，但未死去。」
司馬遷研磨著思維與洞悉
在盤算，如何喚醒並釋放牠的蹄。

敘述的大軍朝著鴻門句句推進
「這是本紀的轉折必須處理……」
「但有關的細節和對話你不曾聆聽！」
「歷史也是一則手寫的故事、
一串舊文字，任我詮釋任我組織。」

寫實一頭遙傳的麟獸

寫實百年前英雄的舉止與念頭
再鴻門——他撒豆成兵運筆如神
　亮了燭，溫了酒，活了人
　樊噲是樊噲，范增是范增
歷史的骷髏都還原了血肉——在鴻門！

劍拔弩張的文言文，點睛的版本
麒麟在他嚴謹的虛構裡再生。

3．構詩：不再鴻門

本紀是強悍的胎教定型了大腦
情節已在你閱歷裡硬化
可能結石在膽，可能開始潰爛盲腸

八百行的敘事無非替蛇添足
不如從兩翼顛覆內外夾攻！

但我只有六十行狹長的版圖
住不下大人物，演不出大衝突
我的鴻門是一匹受困的獸
在籠裡把龐大濃縮，往暗處點火：

不必有霸王和漢王的夜宴
不去捏造對白，不去描繪舞劍
我要在你的預料之外書寫
寫你的閱讀，司馬遷的意圖
寫我對再鴻門的異議與策略
同時襯上一層薄薄的音樂……

九五．〇五

屈程式

F1：端午

端上一串促進午睡的大作
有龍舟自詩人咽喉夾泥沙滑落
我被大會的高潮深度催眠
隱約回到屈原註冊的江邊：

地點是汨羅沒錯
時間約在BC二七八年
離屈原投江才兩天，

過半的楚民蒸發成厚厚的雨雲
麻質的空氣把眼白狠狠刮傷
淚腺是支流將悲情灌滿……
「但我不認識他。」
「難道你不會假假哀慟
假假身置其中？」
「像那些所謂的詩人一樣？」
「嗯，創作你逼眞的化妝。」

空洞且巨大的吟誦把我咬醒
抖落夢屑，我左看右看
觀眾的掌是船槳在推波在助瀾
詩人陶醉於自己的鼓聲節奏
往年的大作與來年的大作互相拷貝
同樣的基因同樣的體位在此交配

「屈原只是皮影戲裡的皮影？」
「不然你以爲。」
我不得不離去，像一隻異形；
背後又一首大作像火箭隆隆昇起。

F2：端午

外婆端來一顆稜形的午餐
味蕾忍不住跳起來鼓掌
大腦把屈原隨手冷藏，
香氣是明礬沉殿掉人文思想
我熱血沸騰一百度感動——

　那五小時裹粽的手
　那五小時灶旁的高溫忍受
我感同當年汨羅裡的魚群……
（單憑這點就該把屈原吃乾淨）

跟每位端午專心的食客一樣
我穿透糯米的彈性
用筷子分析歷史與傳統的內涵
果有偉大心臟和感人的鹹蛋黃
以及虔誠的貢品如大豆如蝦米
結構嚴謹，條理清晰
還保存從竹筒原型演進的痕跡；
將抽象的端午吃成具體的端午
我們都用永恆的味覺來記憶佳節

粽子因此提昇到象徵的境界
在潛意識裡取代屈原。

F3：愛國

下午兩點，太陽七十度傾斜
汨羅在同學的朗讀裡涸竭
課本有空白地方，我試著演算：
【懷才不遇×愛國÷投江】
屈原從標準答案裡走出來
似銅像，站在課本中央
頂著崇高的天花板；
其實思考與情操已被殉國濃縮

宛如天龍自騰雲裡隱沒
課文簡介了四段，才提了一行
死亡的衍義張開巨大蟒嘴
吞盡屈原的壯志和憂患像吞蛋
我們的胃液靜靜旁觀
卻再三反芻蟒嘴的評斷！

「愛國」是一言以蔽之的說法
很官方，但簡單又難忘
經讀本注射到忠實的大腦
這一支支愛國的思想預苗
培養出屈原單一的偉大面貌。

F4：離騷

它本身就是個獨醒的世界
楚的神話藉此發源
但神幻的翅膀是困惑與憂傷
沉重的意象在九歌裡飛翔，

靈魄全轉換成小篆
楚辭裡的屈原才是屈原
但文本裡導讀的磁場非常強大
自秦以來也只有一種讀法，
強勢的生平固定了我的眼睛
簡直像拓碑一樣
我是那緊貼的宣紙無從掙扎；
但我終於讀懂臨江的心臟

聽到和漁夫的深邃對談
屈原獨獨醒在自己的敘述裡
香草與惡草交織成蓑衣
我穿上這件離騷走近，
總算清楚看見那皺紋很深的臉
鳳爪般修長、有力的指節……

我直接聽懂了楚的音樂
在二十歲的九月，秋天。

九五．〇三

曹操

1：大陣仗

氣數已盡的東漢因而氣盡
馬上的將軍扣住了史官眼睛；
不管喜不喜歡，史官都得
攤開耳膜承接他噸重的馬蹄
交出瞳孔供奉他的一生言行；
偶而採近距離（在現場旁聽？）

把他的辭令謄下再裁剪
將口語濃縮成精煉的文言，
「歷史必須簡潔」
（是的，歷史必須剪接）

有時遠遠下筆（在前線大本營？）
緊跟在將軍戰馬後方的
很少是肉體，多半是史官的想像力
事後採訪其他將領再作筆記；
大陣仗如赤壁如官渡
勝負分明，戰略又清晰
只需在小處加註，在隱處論述……
「歷史就是這麼回事」
（沒錯，史官就是這麼盡責）

史官甲和史官乙的聽力與視力難免有異
正史甲和正史乙所交集的部分
只有大陣仗可以深信
只能用大陣仗來說明將軍的生平。

2：大氣象

詩史寫到建安就得爬一座大山
歌雖然短，但沒酒不行
朝露被逐呎的海拔逐呎驅散
聽覺裡全是呦呦的鹿鳴……

將軍在山巔在海底沉吟
等待石土來歸附如地層大摺曲

河川或小雨都歡迎到此棲居
雄心具象成烏鵲與周公的比喻；

這麼一支不停發育的大軍在等待
一幅蠢蠢的鴻圖在等待
等那智慧的筆、莫敵的刀
把天下拼回龜裂前的原貌；

後人讀到建安就得爬這座大山
爬過去才了解山的內在地理
其中必有疾風和驚雲協助分析。

3：說書的祕方

全是英雄好漢的演義誰看？
沒有忠奸二分的歷史毫無票房
羅貫中的做法是飯碗使然；

像麵團，三國志在掌裡重新搓揉
拇指虛構故事，尾指揑造史實
代曹操幹幾件壞事講幾句髒話
讓聽眾咬牙，恨不得咬掉他心肝
再點亮孔明似燈發光，供大家激昂
啜一口茶，史料搓一搓
瞄準群眾口胃，掰完一回賺一回；

魏王被票房抹黑復抹黑
正史也黯然閉上爭辯的嘴
沒有誰懷疑其中的冤情

任由說書人微言獨家的大義
野史大模大樣地登基。

4：白臉刻板

葬掉善性，漂去多元表情
上一臉刻板的白白的妝
演一齣板刻的曹楊戲碼；

戲子走進觀眾的印象密室
打開教育的匣子，取出
並穿上約定俗成的戲服，
身段精湛但非關翻案
唱腔一路陰險下去，直到結冰

陰氣像蠶，啃食台下的智商
視覺與記憶的曹賊內外夾攻
白臉啊白臉當場再次蓋棺定論！

戲散，感同離開考場
大伙兒拿著經鑒定的證書回家
「曹操，本來就是奸的嘛！」

5：齊聚一堂

我的閱讀始於哥哥的連環圖
止於昨日才看完的裴氏注
兩支兵馬便在肺裡廝殺
最後求賢令引爆了我胸膛

整個書房向梟雄的豹膽投降！

羅貫中很不以爲然地敲我腦袋
想放幾尾杜撰的龍蛇來把我殖民
我翻出一堆史料堅守城池
第五組曹操寫到這裡……

曹操就來了！

殺氣騰騰地坐下，劍放桌上
奪過羅子的龍蛇單掌把玩
「還，還你清白，好嗎？」
「不必！」
魏初的血腥似狼群竄出冷氣機
第五組曹操寫到這裡不得不停筆。

九四．一一

海圖

0：「從魚開始嗎？」

時間是十月，風從鹽分中醒來
南洋軟化到任人抒情的境界
我來到海龜的原鄉畫一幅海圖
一半鄉愁一半藝術，

想畫一幅會唱歌的海圖
先縮小海的內容　岸的結構？
再放大鷗的蹤跡　人的起居？

五乘八尺的畫紙攤成好大好大的一幅
左思右想，還是從魚開始吧……

1：「沒有魚便沒有海洋，」

你的話在甲板風開來
我膚淺的誤讀宛如紙鷂斷線而去
空洞的水分戴上盞盞印象的漁火
經營著浪漫的欺詐
我曾經跟上當的水族一同上當，

你說沒有誰會白白地去戀愛海洋
大伙兒只關心網的重量
魚的斤兩等於一家四口的飽暖

魚存在了海洋也存在了岸
我是那斷線的紙鷂風聞著你的說法；

浪因為諧音而有了狼的個性
狼牙偽裝成詩篇裡常開的浪花
船的筋骨不時發出木質的呻吟
間接咬碎我心房危危的四壁
所有學問地位在此歸零
躲進船艙，我無助如俎上的魚
你常經歷的凶險敲開了地獄大門
語言和想像具體成蛟龍在翻騰
我的驚怖在波動的油彩中沉溺
文學膚淺的筆觸隨那月光粉碎……

月光碎在浪裡像忍者的暗器

不斷襲擊我過敏的神經
這時候，風降至三級　浪高半米
但我急著上岸　脫離你的回憶上岸
就等魚肚翻白那東方；

2：「岸的面積佔四分之三，」

你母親這麼建議我的海圖
討海的丈夫如同離殼覓食的螺
無論多魁梧都是脆弱的，她說
悲慟的海葬怎也葬不掉悲慟本身
而你卻把世襲的宿命逐字重膽……
你妻子在屋前補著網　補著風和陽光

風從東北吹來，掀起幾絲鯧白的歲月
她的土語夾雜水草和蚌的氣息
她說我的視覺得長出猴子的四肢
爬到可以眺望的椰樹頂端
才能看見你們在魚市幫手的孩子
他的名字是一種慓悍的水族
船艙已預約好他的位置？
拂過我的異議，風往西南吹去
吹過岸的全部面積；

中午，父子從魚市廉價地回來
五官有點扁　自尊一角崩裂
靈魂的苦澀隨即蒸發成戶外的雲
彷彿螺肉回到螺殼一樣歡欣
高腳屋把你全家高高地團聚

我發現這裡才是你自足的食邑
可以發號施令如小小諸侯
你擁有自己的萬物　自己的面目；

有著鯨魚體積的村長來找你
你尷尬地中斷了敘舊出門去
我只好獨坐那向晚的陽台
用工筆畫下屋頂的亞答　屋底的雞鴨
視覺漸漸被夜色逐呎逐呎逼回眼前
聽覺膨脹成一張巨大的流刺網
向剛甦醒的聲源席捲過去
地籟融解了天籟
我把情結像鳥巢雜亂地搬了進來
把雷的平仄　把溫差的種種暗示；

倦意鬆懈了鼓膜也開放了鼻腔
魚腥從四面八方游入腦海
「我們將被畫進歷史嗎？」
「你有杜撰人魚和王子的故事嗎？」
還說它們能引申出一堆微言一堆大意
更能推算村子的規模和底細……

3：「別把內陸畫進海圖！」

水的智商把你襁褓在這裡
生活和動作不自覺地慢慢兩棲
連夢境都裹滿戀水的魚鱗
別怕，別武斷猜想
內陸不過是一叢撲塑迷離的狂草

謀生的話題如同新闢的小徑
羊腸般纏住你怕蛇的小腿肌……

舌頭似鰻魚溜過你的防線
我措辭謹慎且保持相當的水分
先剖出都市的鰓和鰾囊
再演算你跟你孩子的航線和魚穫量
加幾道老人與海的故事
幾道身邊的鯤鵬歷史
直到你忍不住龜裂誓守的城池；

我句句埋伏字字狙擊，像莊子裡的庖丁
將你對內陸的畏懼一一煮熟並殺菌
遞給你的掌心遠航的大旗
「路在腳下開始一如海在槳下」

我沒有把這番話句號起來便離開
一群螃蟹作爲季風的探子竄過……

0：「把我畫進去。」

時間是三月，風往鹽分裡睡去
剛收到你托沙鷗銜來的片語
片語很抱歉地站在案前像失約的孩子
拎著一尾沙丁魚樣的解釋
我收下，將牠永恆成美麗的魚拓
會的，我會把你深深地畫進海圖左下方。

九四．二一

河渠書

1.

咱們村裡沒有留白的風景
放眼都是米的意象汗的隱喻
穩定的辭彙蠅聚在此父死子傳
土地提供了夢想也鎖死了夢想；

雨水和月亮為它寫下農曆
年號是久不久便更換的簑衣
它以慢火燉出漢子熊樣的筋骨

怪不得它貴姓他們就貴姓；

土地是男人的靈魂男人的肉體
爺爺這麼告訴阿爸這麼告訴我
阿爸只好貓著腰去服侍一輩子野草
我知道我將繼承這畫面並擔任主角。

2.

坐在我九歲的河邊爺爺演義著大禹
還說這尾治水大魚的肉很有彈性
「人啊吃得飽最要緊，
讀不讀書小事情。」

學堂是那位還鄉先生的餿主意
每天孵著一房子跟屁的書聲
我的課本是休耕水牛的瞌睡眼皮
溜出窗外我神遊一哩接一哩……

河趴在兩哩外的地方蜈蚣一樣樣
歧出的水渠齊齊梳進隴畝
通常我只神遊到河的西岸鵝卵灘
它的流向莫說爺爺連先生都不去想
河渠只是一群跑龍套的小配角。

3.

排排坐在權充客棧的廟堂階下

旅客阿丙用洋菸誇耀輪船素描商港
「他們穿怎樣的簑衣多高的木屐？」
「米呢？種在丈八的官道兩旁？」

問號蛾般朝拜阿丙得意的顴骨
河的解釋裡浮現陌生的船隻
一艘艘來自省城的怪名字形容詞……

化作一根急躁的鑰匙衝來
河渠漏夜解開了土地給我的枷鎖
我握住無限可能的水質和流向
產生強烈的枯魚對活水的渴望。

4.

溫了酒擺好筷等爺爺他們回來
舌頭這彈弓已儲夠背井的彈子
土地請出踏實的祖先把我狠狠踏實
並預映阿爸給日頭蒸乾的影像
阿媽把奶奶的草藥煎成斤重的鐵環
穿牛鼻般穿上我宿命的鼻孔
罷了罷了將彈子全吞下灌一碗湯；

稜角分明的夢想安葬在河西岸
跟其他死者一塊磨成認命的鵝卵
河渠仍不放棄召喚：「走吧走吧——」
但我已淪為另顆紅薯讓后土咬住
我們都是注定耕田的水牛
你不如留意學堂裡有誰再神遊。

九四．〇七

世界和我

1.

乳牙給我金剛鸚鵡的力量
舌頭成天在搜刮各種新鮮名堂
世界眞的好大啊當時我好小
一條快跑的田徑就很要命了，

「對蚯蚓而言一畝等於整個大地，」
老師還強調：「有出息的夢
是車水馬龍的。」

甚麼是車水馬龍？妖怪嗎？
耕種的早晨是愚蠢的早晨嗎？
有吃奶鯨魚的海洋是眞的嗎？

我每天瞭望這名詞想像這生字
世界笨拙地躺在紙上像鳥的書法
我決定把它蒸成一個最大的包子
比我家的田瘦子家的田豬頭家的田還大還大
裡頭有……有……有村子裡沒有的東西！

2.

「世界不應該是這樣的——」
根本沒有視野沒有誰關心晚霞和麻雀

社會向我走來，說別再喚它乳名了
它已經長大穿著和我一樣的鞋碼；

我抵達這具叫社會的胃臟
它先消化掉我策劃多年的烏托邦
再告知我作爲一尾生魚必須把握時機
爲了房子的坪數孩子的磅數
必須一片片刨掉自己記得要用力，

如同活在一顆溶解中的膠囊
我只是被消耗的資源和營養
在慘淡的夢裡對仗都市和村莊
用咳嗽來押韻呼吸缺氧的地方
恆牙給我推磨驢子的力量；

鄉下那片水田來信，我草草回了幾句：
「我的世界縮水了而且走樣
好懷念那群粗話長到要標點的伙伴
那氣喘的田徑快跑的汗
等我扛不動石磚，再回家……」

3.

帶著空曠的牙床告老還鄉
風景全退休了更認不出街坊的臉
生命完全蝸進一種季節便是冬天；
從社會那胃臟滑入人間這蠕腸
它叫我住進廢棄的闌尾小巷

路過的光怪術語對我愛理不理
喂好歹也算是一張選票吧還呼吸的！

老夫和老狗呆坐每天飯後的門口
反省老師當年那句車水馬龍
門是存在與不存在的疆界
人間風流在外面老頭等死在裡邊
門神把門砰的一聲關上門上：
「這裡就是你的人間。」

好吧好吧統統人事歸納成卦爻辭
讓醫生用病歷表計算殘餘日子
無聊透頂才放一點人間進來
以螢幕聲音和版面型態
說存在也行不存在也沒關係

反正有門神陪我聊聊當年下下棋；

昨晚，早走的老伴來探我
我躺在醫院的床上
雨很大雨淒美著咱們的對話
兩支牧笛在聽覺裡萌芽
把我吹回生命的丹田竹馬的歲月
世界還是兩個生字熱騰騰的包子……

九四．〇五

堯典

1：黃土亂象

粗獷陶土的中原
甲骨裡還沒有殷人的祭典
文字很獸意象太禽
春秋和山水皆未命名；

繩結與繩結在鞦韆將彌月的智慧
河溪發育著文明
初民與肥魚到處棲居

水草規模成粗銅長矛的部落
和上弦的蹄響
疆界駐滿赴死的步兵
骷髏框起衝動的風景……
總之大道荒亂
就等聖王斬麻的偷方。

2：陶唐線裝

收拾夏獸漫走的局面
雁的思維要按箭的航線
風的行軍必須莊嚴
將虎豹分配到安份的山區
這是重塑經緯的聖紀；

田已阡陌，牛跡不亂
這是井井有條的陶唐
天地完成首次嚴謹的線裝。

3：大篆封面

夜被延長——
野火纂據善意的星光
大篆收押了新生的構想和實驗
黎明休止在太陽之前
說每一筆古樸都不必超越
堯的遺言是永遠臨帖；

世襲的墨勢從此澆模
時代的五官統一製作
大篆封面是我們共同的臉。

4：墨守危城

大氣長滿傳統的纖維
沙暴裡夾雜列祖的疲憊
防腐的危城
連廣場也亂葬著模範的筆劃
我找不到淋漓出招的山崗；
氣勢被奴隸，結構給銬緊
極靜，墓碑統治著生還的聲音

磷光恫嚇了眼睛
東門出走的四肢都敷上石膏
我豈敢再吼出肺腑的藍圖！

5：狂草顛覆

「必須鑿沈每一艘古代，
才能康復巨鯤和鵬的冥海」
我是那剛孵化的鱷扭動著狂草的身段
乳牙吐著驚蟄的新雷
把傳家的鐘鼎悉數入土
夜穹因此捨棄先王的月軌與星圖；
每個動作都是新褶曲山

隆起流線型的桃花城邦
剛孵化的熔岩的狂想
　　海嘯的行徑
　　　好戰的乳牙
悲壯地鑿沈每一艘自己。

6：脱頁沉思

火爆的腦群敗退到骨冷的廢園
靈魂的硫磺慢慢沈澱
軟化了閃電的肌里和雷的骨椎
想那擲出的血肉怎樣贖回……
贖回？

風蝕的肋骨蹲滿似禿鷹的音符
嘹亮地嚼著準備消化的時間。

7：楷書再版

卸去叛逆的低溫
冰——河成魚也無力丈量的浩瀚
兩岸叢生著陶符深澀的暗示
瀑布在翻譯金文那奧義密碼
掘起久葬的骸骨陶唐
攝取鐘之法度，進補鼎之美學
我把那大篆序進甲骨
將古代跋入星宿。

九二·一一

治洪前書

1.河圖埋怨：

老是那軸哀慟的意象
陳述死亡如何開發成浩大的景觀
亂水調戲著地理的愁眉
接著魚進駐鳥巢
石頭頓挫起浮腫的音節
文字古老的形聲大量醃製水部的偏旁
能想像的慘況早給說書的說爛
所以這回，可要從鯀的埋沒講起。

2．神話表示：

不行，儘管他有著熊的美肌與心臟
但群眾偏愛傳說虯龍　渲染成功
尤其洪蹟蟄睡如死
更沒有誰會探討他胸襟那環暴戾的水位
這是讓聖獸獨享的雲海
其餘生物統統滾開。

3．魚很納悶：

是思考的流域淤滿了水草，所以

放任蝦子不停複製單一口味的陋史
讓螃蟹閹割新鮮　但需冒險的軼事？
是被動的閱讀習慣　冷宮了鯀的血汗？
歷史的芒鞋專心踏著
唯禹獨尊的跫音
或者基石本身就該湮埋
彷彿不曾紮實過任何工程？

4．禹卻反駁：

想那神話多妖的水域
狂亂的佈景　凶險的劇情
就是我，彗星般崛起的根據
多前衛的演出啊——獨步的經典！

我偉大虯龍塑像的靈魄
怎會是前人肥沃智慧的承接？
衰敗與平庸的早該淘汰
燈光只需鎖定偶像而非舞台。

5．河伯認為：

這是熱衷翻案的時代　叛逆的年頭
大舉溯返治洪的初期
逼近神話未經修飾　多苔的內殼
看鮌那鏢槍樣的眼神
如何串連眾水族的歧見
悲痛著每一具沈溺，
未知的相繼出土

歷史將痊癒多疤的面龐。

6．我問鯀：

「沒有埋沒感？」提高聲量：
「相對於無限膨脹，禹收穫的讚美」
「我很清楚——自己的座標」
「不需要補鑄銅像？」
「拯救本身，豈非更崇高……」
一尾滿足，安詳游歸他多愁的眉宇。

7．洛書歎息：

粗韌布衣與龍袍不休的摔角
倒映出一湖湖善變的神話，
掌聲或噓聲——最不固定的可能
時間冷冷地反覆裁決。

九二．〇七

尸毗王

0:

非關菩提非關羊乳
他祇需以釋迦的趺姿登場
忠忠實實地再版
佛典最得意的情節，百緣經如是說。

1:

天秤的內涵拒絕刻度

肉的法碼質量虛無，
鷹和鴿子　尸毗王和一些血腥
預設的意義玄到好處
圈套的輪廓恰可讓觀眾掌握清楚。

2：

鷹的喙冷笑著尖銳的惡意，
已僵化在理念底層
躊躇但焦慮的慈悲備受考驗；
鴿子奄奄攤開生機嚴重流失的傷口
催促那形而下——刃的落實
肉已久等，鷹很餓了，
（登上去吧，秤祇認同你靈魂的淨重

肉不過是虛置的法碼。）
讀過典故的都知道，都這麼想。

3：

放棄丈量鷹瞳那太深的黑洞
黯然作握刀狀，儼若一幅敦煌的壁畫；
腿肌很結實，卻不符合鷹的圖謀
他徐徐步向天秤
深鎖著眉（在質疑經義？）
大量梵唱忍不住從觀眾唇間洪出
光線糾繞各角色的動作；突然
他向黑暗（智慧的密窖？）比個手勢
鷹登時被困——
——九條代表更大慈悲的光狀籠柱！

鴿子睜大了眼睛，觀眾愕大了嘴
百緣經文在頁上暴跳如雷。

4：

鷹不明白。他把眉攤開：
無數明天的鴿子飛出
飛出無數鴿子的明天。

九二．〇五

註：本詩所取材的〈尸毗王救鴿命緣起〉，實出自《菩薩本生鬘論》，與出自《百緣經》的〈尸毗王剜眼施鷲緣〉之情節相似，主旨相同；二者皆收錄在《大藏經．本緣部》，但前者的音律節奏不易入詩，故以後者代之。

我的生平葬滿鬼魅夜景
蠕動的墓誌銘　綠色的怪聲音

卷二
綠色的怪聲音

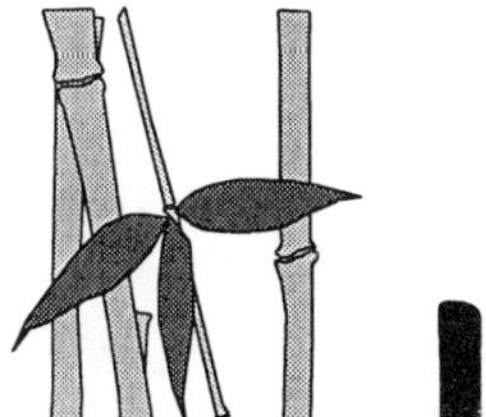

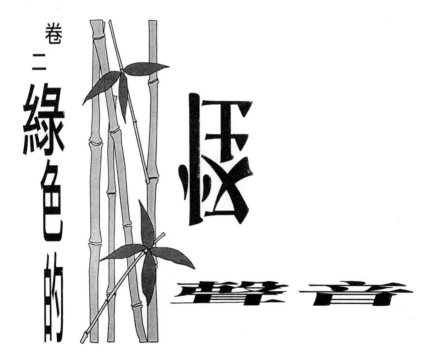

小心黑夜

錯覺是一群中式的蝙蝠亂飛
故事裝不下吸血鬼，可是啊可是——
傅鐘眞的吊著一具陰森的祕密
內情詭雜，以致有二十二種說法，

男生從月光引伸出人狼彎彎的獠牙
勾住女生香甜的肩膀，吻一下
再分析牛頭馬面，細說閻王與判官
鬼旅的路線轉入小椰林
誓言旦旦有關鐵馬後座的莫名重量

湖邊有濕漉長髮拂過臉頰
話題抽長出大量恐怖的幼苗
學那蜘蛛爬進女生宿舍的高牆
再替碟上那煙煙起舞的情節
配上令四肢冰冷的國樂……

男生拼命講，女生拼命怕
幾隻鬼就這樣佔領周末夜晚
杜鵑以雄蕊睜開一千隻偷窺的眼
路燈詐詐地死守遠方，暗夜
成了埋伏女生的大黑店！

女生淪爲男生故事外部的獵物
鬼怪啣著吸管享用抽搐膽汁
噢，有蜂蜜的口感嗡嗡在飢腸

男生隆起胸肌享受高蛋白的體溫
小劇場豐滿了醉月湖
尺度被夜色猴急地放寬
樹叢有意見，草坪想高呼危險：
「女生們小心黑夜！」

九六．〇四

今晨有雨

今晨有雨，雨慵懶地彈奏初醒的山櫻
踩著十六分的急促音符妳竄到簷下
我撐開黑洞般的小傘
把焦慮的音色吸納進來——

是雨讓小巷有了千匹絲綢的綿長
青澀的雷群躲在左胸膛狂歡
私藏了多少可能的情節妳那幽幽體香
雨越下越大傘越撐越小
磁場吋吋壓縮，將肩膀擠向肩膀

膠裝成一本薄薄的少女漫畫；
韁繩在舌根窺探，想套問妳的名字
話裡有禿鷹盤旋，要獵取妳的地址
用微笑築起妳矮矮的籬笆
我可是步聲很輕很輕的黃鼠狼
從容潛入兩頰暈開的紅色春天，

彷彿一座莽林妳微濕的髮
眼神是穿梭不定的羚羊，我近近地追
呼吸馳過七脈高山七灣河川
被獵的喘息比水蜜桃來得香來得甜
我深陷在對話之間，如嵌住的標點；

山櫻把時間和巷子紅紅地焚盡

藍色的南瓜車把故事逼到終點
鞋帶緊緊地把妳綁了上去，緊緊地
只有左邊的酒渦偷偷旋轉
迷亂了雲，傾盆了一傘雄性的大雨，

就這樣我濕透了整個春天的夾克
就這樣捉完一場滂沱的迷藏
今晨有雨，妳沒有帶傘……

九六．〇四

守墓人

我的生平葬滿鬼魅夜景
蠕動的墓誌銘　綠色的怪聲音
我是義山的掌門獨守幡飛的孤寂，

不同的陌生人送來陌生的魂
我開關著陽界和陰間的門
孝子的鹹眼睛　不肖子的酸口氣
清明的熱鬧　一整年的冷冰冰
天和地的日記裡都是：陰有雨。

躺下來的躺入另一座人間
月光防腐住悲情和歲月
反覆地想當年　不外乎那幾件
茅草是他們滔滔交談的舌頭
風把方言從山峰傳到山峰，

守著盜墓的賊子　野狗的爪子
我是大大一團活著的磷火
只在深夜的故事裡出沒。

九四．一〇

戲子

只有在台上我才是活存的
但我不會是我
只是歷史的片段　人物的忠奸
掌聲全賞給被編定的身段與唱腔
我用靈魂雕塑著名望以及票房，

只有在台下我才是眞實的
而我不再是我
動作裡重疊曹操與秦檜的陋習
齒縫間夾雜一品到九品的語氣

記憶早已過度塗鴉
生命頻頻上妝卸妝而鬆垮；

倒底台上還是台下我才是虛假的？
聲帶不敢回答　魚尾翻了翻
時間兀自老化在觀眾席。

九四．一〇

相師

把你沒有信心的心交給我
把你有問題的掌上地理——

臉是氣象的江山　命運的形下
眉毛是飛起或飛不起的翅膀
五官預告你未來的興亡
快把八字交給我加減乘除看看：

動用易經的力道　太極的技巧
我的食指把住你赤裸的心跳

話如游龍先峰迴再路轉
你似盲人騎瞎馬被我斜斜端在掌上
任我把螢火說明成太陽
把長長一生像畫符般規畫。

把你失去邏輯的命運交給我
把你腦海裡潛泳的懷疑……

九四．一〇

油燈不暗

我的故事不是從神燈開始的
是從油燈。

橡樹粗大的臂彎把世界隔絕
山路脫離地圖偷偷蛇行
我家住址是一囪隱居的人煙
門後的茅廁灌溉門前的果菜
果菜穿過廚房繼續循環
風景和色彩只出現在大白天
入夜之後

油燈便成了最忠實的導盲犬，
所有數學在油燈下交易
所有生字在油燈下演習
牆上幢幢鬼影，桌上鉛筆喘氣
小學遠在十哩外加油拚命加油……
「我的世界並非從油燈開始的
是電燈。」孩子得意地插嘴。

九四．〇九

茶室很近

必須向東步行四哩
抱著螞蟻進軍糖果的心情
往鎮上六叔的茶室走去，

五個大人被咖啡小口小口喝著
包子包起久等的貪吃嘴巴
六叔好忙，六嬸也好忙
「最好請兩隻勤奮的八爪魚」
有一句粵語認眞地提議——
我已偎近冰箱像偎近天堂

毫不猶豫地掏出全部家產
一枝冰棒果然遠勝三頓午餐！

即使得向東步行十四哩
即使太陽把馬路煮熟燉爛
六叔的茶室還是很近。

九四．〇九

學堂難過

跟念經的佛堂孿生一般
成天喃喃沒有曲線地喃喃，

一向尖慣的屁股跟板凳打架
天生飛毛的腿卻像蝸牛酥軟
老師的鐵尺是兀鷹盤旋
只好把思緒栓在桌面
哼出不甘心的鼻音
跟老師喃完四書再喃五經
私下策畫淋漓大汗的下午

以及讓雨林可以參與的遊戲，
一面遐想一面留意兀鷹
我十足被魔爪困住的小小松鼠
跟老師喃完水田再喃高山。

九四．〇九

小橋有鬼

小橋是岸與岸親嘴的地方
沒有書生留下小令美化它們的交往……

木製的小橋失去編年的歷史
它的履歷是一大串鬼魅故事
外婆回憶了恐怖的幾件
媽媽補充了淒涼的幾件
三姑加鹽六婆添醋
還說要是把膽吊在午夜的岸邊
就聽得見牛馬的對談

無論橋面的月光和風都很凶險！

我知道小橋是無辜的
河最壞！是河幹的好事
我用作文替它伸冤在報紙
可惜沒刊登出來……

九四．〇九

老屋問候

老屋附近的空氣很寂寞
好久了好久沒有生人呼吸過
野草和小禽自己住了進來
不知有沒有問過奶奶？

我生起柴煙蠕動腸子的柴煙
煙囪是再度入伍的老兵興奮地立正
鄰近的風景都湊過臉來看個究竟
畫面是有點擠但很溫馨
拿出合照的相機我們都站好

籐椅一枒一枒地偎過來
老屋忍不住問候起奶奶……

寫下濕漉的記憶我靜靜離開
帶著一群想遠行的草菇
離開奶奶生前最愛的膠林老屋。

九四．〇九

童年村口

我回到那年把我吐出的村口
石凳們像臼齒一樣還蹲在原地
沒有誰被蛀掉誰被鏤金
難道小樹都是侏儒不成？
怎麼還是當年送別尺寸
我遲疑了腳步彷彿狐狸；

結果我看到了我
以及過世多年的外公散步在村口
我是小小的外孫小手牽著大手

「我長大了可以當村長嗎？
村長這麼威風。」
外公呵呵笑著搖搖頭，
而路急著把我送走
時間急著把外公送走……

我沿著記憶的小徑回來的
穿過許多風成風鈴的交談
許多老木屐蹬出來的綠色草香
總算見到外公在童年的村口。

九四．〇九

西來

1：

不得了不得了
那深粹的缽裝著佛陀西來的般若
快把腦袋心臟等有關哲學器官
填入缽內換取禪悅充滿法喜充滿
照單全收那苦業輪迴因果
只要是如來的般若西來的缽
一定比諸子的先秦厲害不用說。

2：

不得了啦不得了
有噴火的管子鐵打卻不沉的西來船隻
以及無需修煉便現場成仙的鴉片
就這麼廢掉咱們的武功和刀子
唉，要什麼就拿吧不用客氣
紫禁城圓明園眾多仕女和租界
拿吧不用客氣客官拿吧拿吧
凶夠的髮辮子總算有福氣去
舔食紅毛的馬靴很甜很甜的馬靴
跪下來伺候霸道的獨角獸
果眞奄奄一息啊那奄奄的病龍。

3：

不得了不得了啦——
詩品文心被批評了被新批評
所有祖先說過的都得否定
祂們才是眞命天子五百年的聖王
接踵而來的後現代術語接踵而來
我們白活了兩千年的文學還不去死
這是開口羅蘭巴特閉口西蒙波娃的東土
久等的世代交替總算西來了！

4

：

我們有待改良的人種還在等待
精蟲呢精蟲什麼時候才大舉西來？

九三·一〇

壯士

我轉入小巷即轉入二胡的淒涼
難道是盲人的暗室
色彩都離開了瓦階離開了牆
除了蟲避走的聲音大自然近乎全啞
二胡的小巷拉著潮濕的孤單……

英雄飲空的罈是眷村給我的直覺
大氣裡掘滿戰地慣見的壕穴
雲是那年衝鋒的百萬大軍仍在衝鋒
堅持細說從頭

壯士用斷腕用枴杖細說從頭
毛魁與蔣公於是重逢於眷村村口
捨妻離母的壯士扔掉靈魂湧了上去
湧入巨人與巨人的棋局
黑子白子都是一枚枚單薄的考慮
用來過招用來拉鋸
一具具被賦於大義的肉體驕傲的棋
勳章交易了四肢交易了內臟
蛆蟲烘托起回憶的輝煌
…………

壯士的血紅眼神躍起久久才墜下
像嘲弄著大旗的落陽
撕開傷口一如解開錦囊
可以炫耀的全拿了出來

打造那尊銅像彷彿脊椎的銅像
其餘的器官關在陋室裡潰爛
蹲在捷運高架橋影下享受內傷
誰在乎？誰管？

吶喊過風雲的假牙使勁吐出：
老兵不死，不但不死
還跟銅像併肩活著挺胸活著
（在一些懷舊的鄉土小說）

九三．一〇

它更代表一份勇氣——
遠離當代大師們的餘蔭而另闢險徑

附錄一

評審意見

敏感的革新

——〈治洪前書〉評審意見

＊林泠

在評論〈治洪前書〉之前，我們不妨首先澄清一項美學上的爭議——那就是：「在價定一件創作時，究竟我們應該著重它的開端和創新（inception），或是它的成熟與圓融（fulfillment）？兩者應佔如何的比重？」——其實，這爭議並不是屬於批評家的，也更不是一項現代才有的爭議。我深信多數有過創作經驗的人，都曾經歷過如此的自審、掙扎和猶豫。

渥茨華茲認為未成形的蓓蕾較之盛開的玫瑰更美。維根斯坦（Wittgenstein）將文學的形式比擬生命的形式；新的生機萌發自殘骸。「先聲」永遠不及「和聲」的壯麗與均衡，但先聲是和聲的前奏，是一項必須。因此，在這樣的詩觀的規範之下，前說的爭議就迎刃而解了——對於一個青年詩人來說，我認為作品的原創性應是遠重於其他一切的。〈治洪前書〉提供了一個嶄新姿態的可能，並極其可觀地達成它對新的視角的追尋。它更代表一份勇氣：遠離當代大師們的餘蔭而另闢險徑。這就是我推薦〈治洪前書〉入選的一項主要原因。

其次該論及的，是〈治〉詩的本體，包括語言、理性的設計，以及其他表現技巧的問題。〈治洪前書〉是一項有強烈宣諭意味（messages）的詩。作者想要宣示的，除了主要的使命之外，還有許多次要的。因此，在這緊密的 massage 架構之後，僅有少量的空間剩下讓作者安排意象，選擇隱喻。

第一段「河圖構想」是引子；寫水的形和聲，然後轉化爲文字兼或文化的形和聲，由具象入抽象——十分有意思。

第二段便開始導入故事，相當程度的敘述性是難免的。但是，在此作者過份急切地吐露他的宣言，譬如：「這是利害掛帥的市場……」「被媒體拒絕的，都排洩到知識的死角——」等等。暗喻遂淪爲明喻，明喻淪爲宣言；至此，詩的形式和內容都受到明顯的損傷。加之語言經營不足，詩素的不平衡就更加顯著。這是刻意經營「詩的社會功能」而收到反效果的具體例子。

再往下讀去，第三／四段被賦予了更複雜的使命，除了延續故事的脈絡和作者的宣言之外，又開始一份價值的辯證。這辯證的開端即是爲了詩的尾聲——它最終的寓意——作一個伏筆。

最後，在第六／七兩段中，作者重拾經緯，把詩從歷史的文末提昇到一個高度，足以讓讀者透視與遠瞻。至此，語言的純粹性重新呈現，作者終於道出了他的主題：「……所謂的神話。掌聲，或噓聲——最不固定的可能；時間冷冷地反覆裁決。」

縱觀全詩，有許多跡象指出，作者對抽象與具象之間平衡的重要性，有相當的體會。我個人認爲，掌握昇華的能力是任何詩人在發展詩藝時最大的試金石。艾略特說過，「永恆」並不是一些「瞬時」碎片的累積；個人的經驗唯有經過高度抽象的處理後才能變爲人類共同的經歷——這就是詩產生的過程，也是就昇華。關於這一點，〈治洪前書〉的作者有值得認可的成就。以一個青年詩人的標準來論斷，他詩中的「理性設計」是大體上實現了。

中國近代文學傳統中，敘事詩和史詩是最弱的一環；〈治洪前書〉意味著一份眞誠，且是相當成功的嘗試。我想，多數致力於文學的人都會同意，現代的驅使力，便是不斷地推動「敏感的革新」(Revolution of Sensitivity)。讓我們就在這個基點上，接受並歡迎〈治洪前書〉這類異樣的作品。這宇宙，每個角落都有它自己的光源，就讓我們接納夜空中每一個星體的折射與迴射，一如我們擁抱中天的日或月。

按：此詩得獎後，隨即將原作（散文詩版）的缺失加以修正，後收入《治洪前書》；而本集所錄者，為二度修訂版。

進行顛覆，寫下異議——〈再鴻門〉評審意見

＊吳潛誠

乍看似覺不通的題目「再鴻門」，同時指涉：一、經由閱讀，認識發生「在鴻門」的事件（眞實）；二、司馬遷以《史記》「再」現鴻門（虛構）；三、作者當下創作，不「再」重複典範化的鴻門敘述（顚覆）；反映諸多後結構批評的觀念，與傳統見解殊異。

眞實事件一發生便成爲過去，唯有透過閱讀——閱讀特定版本的紀錄／詮釋（即歷史），方得以揣摹當時情境。詩的第一部分一方面受到作者之設定（「構圖」、「成語」、「情節發展」所左右；另一方又隨個人之立場而變化——「坐進張良的角色」，和「成爲范增的心情」，而各種感受自然不相同，這也等於在

暗示：任何閱讀都是誤讀。

第二部分藉由司馬遷的後設答問，暴現歷史書寫（Historiography）的虛構性；「研磨」、「盤算」、「敘述」、「故事」、「詮釋」、「組織」等等，均屬書寫方面的考慮。「遙傳的麒獸」、「百年前英雄的舉止與念頭」，書寫者本人何從得悉？「寫實」再現云云，寧非自相矛盾？再現鴻門，司馬遷藉的是：「運筆如神」。

第三部分揭穿典範文本（如〈項羽本紀〉），既已取得宰制地位，不免流於僵硬，衍生弊病。作者本人受困於既有的牢籠，唯有從內部暴顯偉大敘述的不見與盲點——「把龐大濃縮，往暗處點火」；利用有限的短小篇幅（徵文單位規定的六十行），進行顛覆，寫下異議，以供反思。

此詩以具體事例演示抽象觀念，語言順暢自然，結構嚴謹，行內押韻和前後呼應之妙，尤見作者的用心和功力，在進入決選的作品中堪稱數一數二。

歷史刀章削出的英雄？
——〈甲必丹〉評審意見

＊陳長房

歷史書寫，或許是勾沉稽往之作，史料的鋪陳；由於代遠年湮，加上記憶失眞，難免隨意點染，眞假虛實，相互映襯。然而，歷史書寫，也有可能因爲混濁的政治，與沉淪的理性，陷入意識形態的糾扭盤錯，難斷是非曲直。〈甲必丹〉一詩援用後設思維模式，重新形塑歷史，再現十九世紀下半葉大英帝國殖民統治馬來半島的情境。全詩穿梭在歷史的時空隧道中，昔今夢醒、史跡軼事、異域本土、泥濘石街、麒麟鱷魚、選擇申論、喧嘩岑寂、永恆短暫、圓融刪節等，不一而足，勾勒出一幅兼具歷史銘記與傳奇痕跡，既是斑斑可考卻也迷離撲朔，離沓疊覆漫漶模糊的圖景。

全詩的章法森然有序：自醒夢時分，歷史人物的照片，擬想華人假借帝國殖民主的威儀，籠絡鐵腕兼而有之的治理，至歷史的評騭與傳說中的另類面貌，清晰浮現一位殖民帝國幫凶的模樣。節奏細膩熨貼，韻腳整齊；意象錯落靈動，全詩以禽獸或是相關的象徵，前後鉤聯，異趣橫生（自首節的狐狸、山豬、野馬、猛虎、巨象，至末節的狼狽等近二十個）；詩人運用文字的明珠，聲光色影，密密麻麻，乞靈於巧妙的借喻形容，縱橫交織而成，算是爲殖民歷史書寫，別闢一境。歷史的刀章銘刻削出的英雄形像（甲必丹），到了傳奇故事中，卻一反常態，化身爲另類狼狽難堪的嘴臉。歷史的書寫是文字的再現，其間總是留有裂縫、罅隙、餘裕、空白，容許後人申論補白。

後設思維的書寫模式，刻意顛移既定的事物，既存的文化體系、政治屬性與性別倫理認同等。體驗過殖民生活經驗的子民，對殖民主恫嚇威逼，詭譎狡黠的統治，知之甚詳，這些負面刻板的形象，在他們記憶深處難免已經烙印出不可磨滅的痕跡。帝國霸權勢力的擴張盤踞，依賴的是戰爭、壓榨、掠奪、霸佔等模式。但是，被殖民者，甘心充當鷹犬，魚肉良民，以凶狠的鐵腕蹂躪自己的同胞；長袖善舞，周旋於殖民主的身邊，又是一幅陰柔馴服的模樣，這些人無疑的正是鑄造帝國霸業美夢的共犯。在思索帝國主義或殖民主義的剝削掠奪本質時，我們恐怕有必要探討被殖民者本身糾葛錯綜的心理反應，〈甲必丹〉一詩揭露的是另類思考的方向。

叱吒風雲的人物在歷史奔流長河中沖刷殆盡，而歷經時間淘洗後存留的卻是與世無爭的芸芸眾生。面對再現的歷史抑或刪節的傳奇，黑白照片回映的是恍惚虛幻的夢境抑或後人仰止永恆的印象，讀者藉由尋覓探索與釋放想像的視域，決然自主浮沉詮釋文本，重新形塑不同的圖象。人類善於思維探索，善於憑空制造理念信仰，爲自己的行爲辯解肯定，因此才有事業、主義和理想。只因爲人有記憶，人能書寫，文字賦予人類療癒靈魂，昇華無意識的功效。詩人提筆重寫異域的殖民史，有助於後人審時度勢，鑑往知來。或諷刺、或委婉，往往著墨不多，而餘味包曲，傳奇的刪節空白處，正是讀者低迴省思的開始。

按：此詩為第十九屆中國時報文學獎五篇入圍作品之一，此為評審意見。

其中隱藏著我對史詩創作的理想與困境

附錄二

代跋與年表

代跋：換劍

＊陳大為

彷彿封藏一柄因久戰而金屬疲憊的劍，以及它的功勳；我懷著告別過去的心情，將這些詩稿結集起來。

爲了完整展現個人詩風的形成與發展，《再鴻門》重新收錄五首舊作；其中位居風格上游的三首組詩經過適度的修訂，另兩首處於語言轉變時期的短詩，則大致保留原貌；此外，若干首新作亦修正了原發表版本的修辭缺失。全書分兩卷，各以創作時間爲排序，新作爲先。

【卷一：在烈酒的時辰】共收錄十三首組詩，是我創作的主力。我喜歡格局宏大、結構嚴謹、氣勢雄渾的史詩，或長篇敘事詩；我喜歡古老的事物，有歷史的色澤和思想的厚度。雖然我還沒有能力完成理想中的恢宏詩篇，也許還需要十年或更久，但理想是必須的。所以我得藉助組詩寫作來鍛煉架構長詩的能力；儘管組詩有形式僵硬的負面印象，但它卻是詮釋脈絡最清晰的形式，讓我從容地架構龐大的題材，進行多角度的申論。它就像一具強韌的骨架，緊密地抓住詩的肌里，再繁雜的議論或敘事，也不會渙散。

本卷的每一首組詩都保持著環環相扣的敘述結構，每一首都是一次語言技巧的自我鍛煉——小至句法修辭，大至整體性的詩語言。其中隱藏著我對史詩創作的理想與困境、敘事策略的演化；偶而借用一則大家熟悉的掌故或人物來當道具，貫徹某些對事物的批評、某些文學理論的詮釋，以及對歷史的文本性和典律的看法等等。它們鏈結成一條清晰的創作歷程，紀錄了上游的洪勢、中游的迴轉與分歧、下游的匯聚和沉積……不同的讀者將讀出不同的興衰得失。

由於長篇詩作發表空間有限，所以這些組詩都往文學獎和詩刊尋求出路；但它們都在我的創作計畫裡完成肩負的任務，沒有因爲得獎或落敗而改變我對它們的評價。即使沒有收錄的其餘十七首組詩也一樣。

【卷二：綠色的怪聲音】共收十三首短詩，有的是信手之作，有的是寫給我家人讀的小品，有的則屬於系列創作的節錄。其實我寫了不少短詩，或用原名，或用有趣的筆名來發表，共一百一十八首；但沒有用心，所以並無過人之處。這次收錄的，是我較喜歡的部分。如果卷一的組詩是銳利的劍鋒，那卷二的短詩就是軟化劍氣的鞘。如此，《再鴻門》才不會太過冷硬。

近兩年來，陸續讀到幾篇相關的評論文章，以及各種觀點的口頭批評與建言。正面的肯定當然有鼓舞作用，立論有據的尖銳批評更有棒喝的功能，我可以透過另一種角度來自我反省，導正創作方向並修補缺失。經過一番論證的肯定與批評，都是創作的巨大助力。

《再鴻門》的出版，同時宣告「『再』—『鴻門』」寫作策略的入土，以及另一種聲音緩緩萌生。我希望第三本詩集會有十分雄渾而深刻的詩篇，來敘說我的先祖們用血汗淘洗過的南洋，以及一些目前擱淺的大構想。

彷彿一位即將再度長征的戰士，我必須換一把更重的劍，去開拓理想的版圖。

九六・一二・二五

創作年表（一九八九——一九九七）

89 開始學寫散文，得小獎兩項。
全年發表：散文3篇。

90 開始學寫詩，亦得小獎兩項。
全年發表：組詩1首、短詩10首，散文1篇。

91 〈柱子〉獲第三屆獅城扶輪文學獎（新）．散文第二名；
〈髑髏物語〉及〈飼虎事件〉獲第一屆台大文學獎．新詩首獎；
〈回鄉偶詩〉獲台灣新聞報文學獎．新詩佳作。
全年發表：組詩10首，短詩11首，散文2篇。

92 〈尸毗王〉獲第十四屆聯合報文學獎．新詩佳作。
〈治洪前書〉獲第十五屆中國時報文學獎．新詩評審獎。
全年發表：組詩10首，短詩15首，散文2篇。

93 〈堯典〉獲八十一年度教育部文藝創作獎．新詩佳作。
〈夜探雨林〉獲繁榮杯世界散文詩大賽獎（中）．佳作。
全年發表：組詩7首，短詩16首。

94 〈西來〉獲創世紀詩刊四十周年詩創作獎．優選獎。
〈童年村口〉獲第一屆新世紀杯全國詩歌大獎賽（中）．優秀獎。
獲國家文藝基金會獎助出版詩集《治洪前書》，台北：詩之華出版社。
全年發表：組詩3首，短詩36首。

95 〈曹操〉獲第十三屆全國學生文學獎．新詩首獎。
〈再鴻門〉獲第十七屆聯合報文學獎．新詩第三名。

〈守墓人〉獲第二屆新世紀杯全國詩歌大獎賽（中）・三等獎。
〈屈程式〉獲第三屆星洲日報文學獎（馬）・新詩佳作。
〈海圖〉（散文）獲南潯杯全國散文大獎賽（中）・三等獎。
主編《馬華當代詩選（1990-1994）》，台北：文史哲出版社。
全年發表：組詩5首，短詩12首，散文1篇。

96
〈會館〉獲八十四年度教育部文藝創作獎・新詩首獎。
全年發表：組詩4首，短詩8首，散文3篇。

97
〈會館〉（散文）獲第九屆中央日報文學獎・散文第二名。
〈甲必丹〉、〈茶樓〉、〈會館〉、〈達摩〉、〈海圖〉等五首詩獲第四屆星洲日報文學獎（馬）・新詩推薦獎。
獲文化建設委員會獎助出版詩集《再鴻門》，台北：文史哲出版社。
全年發表：組詩1首，短詩12首，散文8篇。

作者近照